나의 사랑은 현재 진행형

낭송 정설연

창작동네 시인선 156

나의 사랑은 현재 진행형

인　쇄 : 초판인쇄 2022년 10월 30일
지은이 : 김광숙
펴낸이 : 윤기영
편집장 : 정설연
디자인 : 정설연
펴낸곳 : 노트북 출판사_ 등록 : 제 305-2012-000048호
본　사 : 서울시 동대문구 사가정로 256-4호 나동B101
전　화 : 070-8887-8233 팩시밀리 02-844-5756 HP : 010-8263-8233
이메일 : hdpoem55@hanmail.net
판　형 : 신한국판형 P136 130-210

2022. 10_나의 사랑은 현재 진행형_김광숙 제1집

정　가 : 10.000원

ISBN : 979-11-88856-57-2-03810

*저자와의 협의로 인지는 생략합니다.
*잘못된 책은 교환해 드립니다.

시인의 말

삶의 향기를 드리고 싶습니다
내 안에서 숨 쉬고 있는 소통의 이야기들을
함께 나누고 싶습니다

웃고 울고 떠들며 나누던 이야기들을
쓰고 싶었고 가슴에 담아 두기에는
아까운 언어들을 전달하고 싶습니다

아직은 여물지 않은 꽃봉오리에
불과하지만, 나의 이야기를 접하면서
누구나 행복해지길 바라며

내가 줄 수 있고 남기고 싶을 것을
찾았기에 얼마나 흡수할지 모르지만
이 작은 마음을 풀어보려 합니다

2022년 10월 마지막 날
향기 김광숙

목 차

1부. 나의 사랑이 머물고 있습니다

010...나의 사랑이 머물고 있습니다
011...당신이 참 좋습니다
012...추억 소환
013...기다리는 편지
014...첫봄 나에게 온 선물
015...봄이 오면
016...꽃이 피니 사랑이 옵니다
017...봄빛으로 오신 임
018...새벽 속에서 불어오는 봄풍
019...봄에 사랑을 그리다
020...유난히 길었던 봄
021...사랑할 수밖에 없는 그대
022...아침에 만난 그녀
023...그리움을 담은 커피
024...하루 끝에
025...그대여
026...당신의 하루를
027...첫눈처럼 스며든 너
028...나는 행복한 여자
029...시작의 알림
030...행복
031...바래지지 않는 사랑

2부. 사랑의 도둑

034...목련꽃
035...사랑의 도둑
036...벚꽃 신부
037...꽃비에 스친 인연
038...꽃 피던 날
039...꽃비가 내린다
040...사랑 그대로의 사랑으로
041...꽃
042...첫사랑
043...꽃이 피니 사랑도 피네요
044...첫 숨
045...사랑의 언약
046...1월의 꿈 꾸는 사랑
047...잘 있나요 그대
048...마중
049...눈부신 날
050...동백 사랑과 함께 봄빛이
051...착각이었어
052...아침 풍경
053...아카시아 향 같은 사랑아
054...오월의 풍경
055...라벤더의 추억
056...꽃눈
057...비 오는 날
058...도시 속에 머무는 계절
059...하루라는 꽃이 필 때면
060...나의 남편 광양 가는 날

3부. 그대 생각

062...그대 생각
063...오월의 사랑
064...사랑
065...보내고 싶지 않은 사랑
066...짝사랑
067...별빛이 내리는 밤
068...기다림
069...그대만 생각하면
070...오늘처럼 그리움이 스며들면
071...당신은 제 마음이 사랑하는 사람
072...달
073...목소리
074...묻어버린 사랑
075...그리움
076...운명처럼
077...사랑의 향기
078...빗속에
079...사랑의 불시착
080...가슴 시린 노래가
081...영화 속 이야기 같은 사랑
082...듣고 싶어지는 목소리
083...산딸나무 활짝 웃던 날

4부. 아침의 단상

086...아침의 단상
087...내 사랑은 작은 꽃
088...꿈꾸는 사랑
089...나의 단 한사람
090...너의 집 앞
091...한 사람
092...그대 있는 곳이라면
093...지금 이 시각
094...자꾸 눈물이 납니다
095...눈물 사랑
096...코스모스 길
097...비가 온다
098...내 머릿속에 기억이 지워져도
099...당신을 사랑해서 미안해요
100...낮에만 같이 사는 사람
101...사랑의 서약
102...한 남자와 한 여자가 만나
103...잊히지 않을 풍경
104...이루어질 수 없는 사랑
105...늘 기다리던 그 자리에
106...그리운 사랑
107...나의 부엌에 찾아온 봄
108...오늘처럼 비가 내리면
109...살아가는 동안
110...소중한 당신
111...인생 연주 비법
112...이 여자의 행복
113...심장을 지워야 하나 봐
115...삶 속의 그려지는 인생, 그 아픈 노래
　　　나의 사랑은 현재 진행형 김광숙시집
　　　시해설_현대시선 발행인 윤기영

대표 영상시 큐알

1부. 나의 사랑이 머물고 있습니다

그저 바라보기에도 벅찬 사랑이며
그냥 소소한 것에 행복을 느끼고
다른 사람들에게는 별거 아닌 물건이지만

나의 사랑이 머물고 있습니다 중

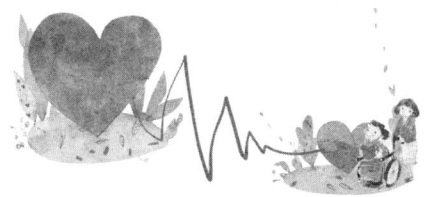

나의 사랑이 머물고 있습니다

낭송 정설연

소박한 사랑입니다
욕심낼 줄 모르는 때 묻지 않은
순수한 사랑의 결정체입니다

그저 바라보기에도 벅찬 사랑이며
그냥 소소한 것에 행복을 느끼고
다른 사람들에게는 별거 아닌 물건이지만

제일 소중한 것을 내게 건네주는
해맑은 아가의 마음을 가진 사랑이며
짧은 시간에 깊어져 가는 사랑입니다

그런 사랑이 늘 같은 마음으로
매일 사랑을 줍니다
이별은 나와는 먼 것이라며
따뜻한 사랑 선물 같은 사랑을 줍니다.

당신이 참 좋습니다

낭송 정설연

오래된 느낌처럼 다가온 그대
그 익숙함에 스며듭니다

바람결에 날리는 짧은 머리카락에서
당신의 향기가 느껴지고

빙그레 눈웃음 짓는 눈가에서
그대의 선한 마음이 느껴집니다

따스한 햇볕이 스며드는 창가에서
커피 한 잔 마시는 동안

그대와 함께 있는 것처럼
너무 행복한 순간입니다.

김광숙

추억 소환

낭송 정설연

소슬바람 불던
그 어느 날 오후
철없던 시절 재잘거리며
친구들 사이에 끼여
수다 떨던 때가 마냥 좋았던 시절
밤이 깊어가는 줄 모르고
친구들과 시간을 보냈다

다시는 돌아갈 수 없는 시간들
추억으로 가슴 한편에 남아있다

나이는 어쩔 수 없나 보다
옛 추억이 그리운 걸 보니
그때로 돌아갈 수만 있다면
딱 하루만이라도 가고 싶다

여름으로 가는 길목
늦은 봄비가 주적주적 내리고
옛 추억이 담긴 음악을 들으며
향 깊은 에스프레소 한잔으로
마음 달랜다.

기다리는 편지

시린 봄바람이 붑니다
오늘도 빨간 우체통은 입을 벌린 채
그리운 편지 한 통 기다리고 있습니다

겨우내 얼어있던 마른 가지 위에는
초록빛이 인사를 하는데
기다리는 내 님은 소식도 없습니다

시린 겨울 끝 봄바람만
입을 벌린 빨간 우체통으로 들어가고
따뜻한 님의 소식은 기별조차 없네요

내 마음에 고인 눈물방울마저
저만치 울타리 너머로
떨구고 있습니다.

김광숙

첫봄 나에게 온 선물

송고함이 느껴지는 순간
아, 감탄사가 내 감성에 불을 지피고
아가의 솜털 옷을 입고 봄빛을 살포시 나리며
차가운 심장에 열꽃을 피우기 시작했다

내 두 눈의 시선을 사로잡아버린 그대
내 두 손마저 그대의 실루엣에 압도당하고
내가 가진 모든 것은 그대에게 빼앗긴 채
숨마저 죽인 채 그대의 내 안에 품는다

봄빛 내려앉아 아지랑이 피어오르는
강가에서 가슴 가득 품어 놓는다
활짝 꽃피는 사월을 기다리며
흥얼흥얼 콧노래를 부른다.

봄이 오면

꽃잎 편지지 만들어
그대에게 편지를 씁니다
우리 사랑하던 때를 떠올리며

고이 접어두었던 사랑이야기
꽃잎으로 하얀 백지 위에 나열합니다
아직도 기억의 모퉁이에 남아있는 추억들

힘들 때마다 위로를 해주던
이 편지를 받을 수 있을지 모르지만
어디선가 잘살고 있을 그대에게

그리움 한 가닥 꽃눈 나리는 봄날
그대 편에 바람 따라갈 수 있게
아직 지워지지 않은 사연도 함께 보냅니다.

김광숙

꽃이 피니 사랑이 옵니다

늘 빨간 우체통을 보며
기다렸습니다

오늘은 봄빛이 더 강하게
다가옵니다

준비를 해야겠네요
임이 꽃마차를 타고 오신답니다

제일 좋아하는 보랏빛 원피스를 입고
마중 가야겠네요

사뿐사뿐 걸을 때
신을 유리 구두 한 켤레 준비하고

반가운 임 오신다는데
예쁜 꽃향기 들고 오시는데

가슴 활짝 열어 놓고
폭 안아 줘야겠네요.

봄빛으로 오신 임

시나브로 밀려오는 당신
어여쁘게도 단장하고 오시네요
오색빛깔 고운 저고리 입으시고
너울너울 오시네요

아직은 칼바람 매섭게 날을 세우지만
살살 녹는 봄빛의 사랑처럼
아무리 매서운 동장군이라도
마음을 내려놓습니다.

김광숙

새벽 속에서 불어오는 봄풍

어디서 불어오는 걸까
문을 여는 순간 파도처럼
밀려오는 바람

한적한 공원에서 부는 봄 향기일까
커피 향기 가득한 곳 카페에서 나는 향기일까
따스한 온기에 시린 가슴도 따스해지는 봄풍

이른 새벽 콧노래가 흥얼흥얼 나오고
얼어있던 심장에 꽃이 피기 시작한다
사랑의 봄꽃이.

봄에 사랑을 그리다

겨우내 숨어있던 하얀 하늘에
파란 물감으로 색을 입혀 본다
양털 같은 뭉게구름도 넣어주고

한 모퉁이에 테이블도 놓아줄까
달콤한 꽃차 한잔 타 놓아야겠네
당신이 좋아하는 모카 라떼도 함께

어느새 왔을까
빈 가지에 새순이 돋기 시작하더니
솜털 같은 꽃잎이 날갯짓을 한다

어느새 비어있던 큰 나무도
봄빛이 가득한 사랑으로
톡톡톡 웃음꽃을 피우기 시작한다.

김광숙

유난히 길었던 봄

봄 끝자락 여름으로 달리고 있다
꽃이 피었는지 졌는지도 모른 채
그렇게 봄은 이별준비를 하고 있었다

천국으로 가는 길 하얀 금빛 가루의
융단이 펼쳐지고 꽃길이 열리기 시작했다
꼭꼭 숨어 보이지 않던 목련의 우아함도 보이고

수수꽃다리의 청아한 빛을 보여주며
봉긋 연분홍 입술 쭉 내밀며
유혹하는 모습도 눈에 띈다

유난히 길었던 어느 봄날
사랑의 빛이 보이기 시작했다
싱그럽게 가슴으로 스며들어오면서.

사랑할 수밖에 없는 그대

시선 집중 심장이 멎는 순간
만지면 부서질 듯 가녀린 실루엣
눈으로만 보기에는
가슴속이 채워지지 않는다

가슴으로 안으면 금방이라도
녹아내릴 것 같은 꽃잎
핑크빛 같은 그대를
사랑할 수밖에 없는
향기로 취하게 만든다.

김광숙

아침에 만난 그녀

처마 끝에 보랏빛 드레스를 입고
이른 아침부터 기다리는 그녀
그 자체만으로도 섹시하게
짙은 화장을 하고
묘한 눈빛으로 바라보다

나와 마주쳤던 눈은
화려함 속에 숨어있는
수줍은 미소가
유혹의 눈빛을 날린다
그녀의 속내가 보인다

심장이 야릇해지는 순간이다.

그리움을 담은 커피

때론 사랑의 꽃향기를 풍기고
때론 술이 되어 그 맛에 취하게 만들고
때론 인생을 아는 것처럼 논할 때도 있고

오늘처럼 그대 생각 진하게 다가올 때는
하얀 편지지에 부드러운 갈색 사랑 고백을
그리움도 첨가하고 추억 향기도 첨가하여
맑은 호수 위에 띄워 보내 봅니다

그대 있는 작은 섬에 조각배에 그리움도
가득 실어 띄워 보냅니다.

김광숙

하루 끝에

저녁놀 빨갛게 물드는 저 끝에
나의 하루와 당신의 하루가
함께이길 바랍니다

오늘도 끊어진 안부를 기다리며
연락 끊긴 빈 전화기만 바라봅니다
그대가 없는 내 삶에 공간이
이렇게 크게 느껴질 줄 몰랐습니다

가슴이 너무 아파서 어깨를 필수 없을 만큼
그대를 향한 내 감정은
어느새 사랑이 되어 깊어질수록
그대가 갈증이 나고 더해질수록
그대가 허기가 집니다

오늘도 내일도 기약 없는 시간을
기다려봅니다
아무리 없듯이 방긋 아침 안부를 물으며
올 날을 기다립니다.

그대여

오늘도 그대를 잊지 않고
기억 속에 담아 놓았습니다
가슴에서 발끝까지

작은 틈조차 없이
그대 생각으로
가득 메웠습니다

오늘따라 더 진한 그리움
내 마음을 어찌 알았을까요
함박눈이 날립니다

흩날리는 눈바람에
간절한 이 마음 전하고 싶습니다
영원히 잊지 말고 기억하라고

그대가 찾는 그 자리에서
기다리겠다고 약속합니다
겨울 끝자락에 머물며.

김광숙

당신의 하루를

아침에 눈을 떠 시작하는 순간부터
하루를 마무리하는 시간까지
어떠한 하루가 허락될지 모르는 시간들도
당신의 삶이기에 사랑하고 싶습니다

내가 그대를 사랑하기에
내가 짊어지고 갈 삶이기에
설령 아픔이 머물지언정
그 또한 내가 품고 갈 사랑입니다

붉은 노을이 아침을 열어주고
황금빛 노을이 우리의 삶을
마무리해주는 것처럼
그대는 소중한 보물입니다

사계절의 시간이 흐르는 동안
난 그대만 바라보려 합니다
그대 또한 나와 같은 생각이기에
함께 하려 합니다.

첫눈처럼 스며든 너

사랑일까요 하얀 눈꽃의 스킨쉽
심장에 녹아듭니다
아직은 사랑이라 말하기엔
알 수 없는 감정

자꾸만 알 수 없는 감정에 몰입되고
매일 잊지 않는 안부에 마음은 녹아들고
보이지 않는 감정의 강을 건너다보면
그때는 그 마음 알려나

예기치 못한 사랑에 어설픈 감정을 보이다
그 마음을 읽는 순간
아, 사랑이었음을 감지합니다
영원할 수밖에 없는 진한 사랑으로
꽃을 피우렵니다.

김광숙

나는 행복한 여자

사색하기 좋은 날씨
갈바람이 심장에 소곤거린다

우리 사랑하면 안 될까
예쁜 사랑만 줄게요

일하는데 이 계절에 맞는 선곡이 흐른다
해바라기의 이제는 사랑하고 싶어요

얼마나 아름다운 고백인가
오늘은 달달한 음악으로 힐링한다.

시작의 알림

아름다운 시작의 알림
사랑하는 나의 사람아
당신을 만나 참 행복합니다

사랑의 향기가 바람을 따라
꽃향기 속의 사랑을 안고
만남 속에서 인연의 향기를 채우리

내 마음이 사랑하는 동안
인생의 흐뭇한 향기 마음의 향기를
사랑스러운 그대에 뿌려주리다

사랑하는 사람아
우리 초심을 잃지 말고
사랑의 향기로 채우자

따뜻한 가슴으로 품어주고
아름다운 사랑을 그대에게
듬뿍 주리라.

김광숙

행복

아침에 눈을 뜨면 제일 먼저
그대에게 안부를 묻는 시각
어제와 또 다른 하루의 선물이
우리를 기다리고 있습니다

오늘은 어떤 추억을 만들까요
오늘은 어떤 재미난 이야기를 만들까요
행복한 고민에 빠지는 이 순간
행복은 멀리 있는 게 아니라는 걸 아시는지요

내 주머니 안에 달콤한 사탕처럼
나와 동행한다는 사실 느껴 보세요
지금, 이 순간 그대와 내가
함께 바라보는 것이 행복이라는 것을요.

바래지지 않는 사랑

언제나 같은 맘
언제나 같은 색깔
언제나 같은 미소
언제나 같은 자리

그런 그대가 너무
좋습니다
그런 그대를
사랑하고 싶습니다.

김광숙

2부. 사랑의 도둑

당신은 나의 바람둥이
겨울에는 차가운 심장을
뜨겁게 녹여주고

가을에는 카멜레온도 아닌데
색색 빛깔 사랑을 주는
나만의 바람둥이

사랑의 도둑 중

목련꽃

사월의 만난 여인
우유빛 고운 피부를 가진 당신
일 년 만에 재회를 했습니다
심장은 어느새 두근두근
걸어가던 발걸음을 잡아 놓습니다

아무 말 없이 바라보기만 했습니다
그저 사랑스러운 모습에 할 말을 잃은 채
당신의 눈빛을 바라보며 쪽 내민 입술에
긴 입맞춤을 했습니다 그 달콤함을
뿌리칠 수 없는 간절함에

일 년만의 긴 시간을 무색하리만치
어제 보고 오늘 또 보는 느낌처럼
따뜻한 포옹에 첫봄 사월의 향기를
당신의 손끝에서 흐르는 전율을 느끼며
아름다운 봄맞이를 합니다.

사랑의 도둑

나를 꽃이라 부르지 마세요
당신은 사랑의 사냥꾼
시도 때도 없이 사랑 고백을 하는

당신은 나의 바람둥이
겨울에는 차가운 심장을
뜨겁게 녹여주고

가을에는 카멜레온도 아닌데
색색 빛깔 사랑을 주는
나만의 바람둥이

여름에는 시원한 바다처럼
파란 사랑을 주는 나만의
사랑의 사냥꾼

봄이 되니
감당 못할 사랑을 주네요
봄바람에 포근한 사랑
꽃향기의 달콤한 사랑을.

김광숙

벚꽃 신부

하얀 면사포
하늘 위에 곱게 수를 놓는다

연지 곤지 초록 물감으로
물을 들이고

은은한 벚꽃 향수
살그머니 스며들 때

너와 나의 사랑 노래
심장에 수를 놓는다.

꽃비에 스친 인연

꽃잎이 바람에 스쳤습니다
썸을 타나 한참을 머물다 갑니다

또 한차례 스킨쉽을 합니다
놀란 가슴에 심장이 멈칫

한참을 감정에 빠져
당신의 사랑을 느껴봅니다

달콤한 꽃향기와 부드러운 바람향기와
투명한 물의 향기와 파란 하늘의 향기와

나에게 주는 모든 사랑을
손끝에서 머리끝까지 전율을 느껴봅니다.

김광숙

꽃 피던 날

꽃 비속에 하얀 얼굴
고운 이 드러내며 웃고 있습니다

꽃잎에 아롱진 미소는
이른 새벽 꽃물처럼 영롱하기만 하고

눈송이 같은 미모는
날개를 단 선녀같이 곱기만 합니다

꽃에 스친 바람은 노래가 되어
사랑하는 연인들 맘을 설레게 합니다.

꽃비가 내린다

사월 중순 봄바람에
하얀 비가 그리움 되어
살포시 내려앉는다

눈이 부시게 희다
꽃비에 흐려진 시야를 가리고
부서지는 꽃비를 한참을 바라보았다

심장이 터질 듯 꽃망울을
터트린 때가 엊그제 같은데
며칠 사이로 하얗게 날린다

또 한 계절이 가고 있다
진하게 올라오던 사랑도
비가 되어 녹고 있다.

김광숙

사랑 그대로의 사랑으로

봄빛에 스미는 햇살처럼
그대와 나의 추억이 남아있는
시간들 속의 흔적을 사랑하고

지금 이 순간 이별이 찾아와도
그것마저 나만의 사랑이기에
가슴에 묻더라도 그 순간도 사랑하렵니다

아직은 이별은 먼 이야기
한순간 한순간 주어지는 시간을
사랑이라는 이름으로 채우렵니다.

꽃

사랑할 수밖에 없는 그대
사계절을 돌아 제자리
그대만큼 좋은 건 없었다
바라보기만 해도 좋은 그대

사랑할 수밖에 없는 그대
차가운 심장을 그 향기로
행복을 주고 사랑하게 만든다.

김광숙

첫사랑

입안 가득 스며드는
하얀 꽃가루

심장까지 들어가
달콤함으로 유혹한다

아 나의 심장을 뜨겁게 달군
그대는 나의 첫사랑.

꽃이 피니 사랑도 피네요

꽃이 피어납니다
붉은 단풍 꽃이
노란 은행 꽃이
사랑도 함께 피어납니다

가로수에도 피어나고
가을 곱게 물드는
그대 가슴과 내 가슴에도
어여쁜 꽃이 피고
홍조 물이 듭니다.

김광숙

첫 숨

새순 난 가지 사이로
고운 햇살 내려오네

방긋 미소 지으며
이마에 입맞춤합니다

불그레 홍조가 된
꽃잎 아침 인사를 합니다.

사랑의 언약

내가 늘 꿈꾸던 그대를 만났습니다
내가 늘 그리던 사랑을 그대에게
주고 싶습니다

보이지 않는 사랑을
어찌 믿겠느냐고 되물으며
작은 꽃반지에 제 사랑의 향기
듬뿍 담아서 드리겠습니다

저 하늘의 별 중에서
제일 예쁜 별을 따다 줄 마음만큼
그대를 사랑하겠습니다

봄날 진동하는 꽃향기만큼
그대에게 오래오래
내 사랑 드리렵니다.

김광숙

1월의 꿈 꾸는 사랑

봄날 꽃잎 사이로 스며드는 햇살처럼
포근하고 부드러운 사랑을 하게 하소서

깊은 산속 돌 틈으로 흐르는 해맑은 계곡물처럼
깨끗하고 순수한 사랑을 허락하소서

겨울날 산등선에 곱게 피어나는 눈꽃처럼
아름다운 사랑만 하게 하소서

늘 가슴으로 그려왔던 식지 않은
심장처럼 뜨거운 사랑만 주소서

꼭 잡은 두 손 절대 놓지 않게
보이지 않는 사랑의 끈으로 묶어놓으소서.

잘 있나요 그대

봄 햇살이 사브작 나부끼는 2월입니다
빈 가지에 새순이 삐죽이 고개 내밀 준비를 하고
먼 남쪽 나라에는 이른 꽃순이 톡톡 인사를 하네요

잘 있나요 그대 늘 보고 싶고 그리운 그대입니다
우리 봄 향기 가득한 날 예쁜 카페에서
데이트할까요

커피 향기 진한 에스프레소는 그대 것
달콤한 캐러멜 마키야토는 내 것
달달한 조각 케이크에
바다가 보이는 창 넓은 카페에서

봄의 향기 가득한 음악 들으며
재잘재잘 수다 떨어볼까요
밀린 이야기 풀어볼까요.

김광숙

마중

봄이 오면 나는 나의 창에
작은 화분들을 준비해놓을게요
그대 오는 길목에 활짝 피워 둘게요

봄이 오면 나는 꽃길 열어 둘게요
그대 오는 발길에 꽃길이 되게
무지갯빛 뿌려 놓을게요

봄이 오면 싱그러운 향기 진동하게
봄빛 내려놓을게요
두 손에 한소끔 안고 오세요
그대 닮은 예쁜 미소 지으며 마중할게요.

눈부신 날

하얀 눈꽃이 시선을 사로잡는다
카메라의 셔터를 쉴 새 없이 눌렀다
꽃송이 톡톡톡 터지는 아름다움을
욕심껏 담아 놓고 싶었다

첫사랑의 설렘
멈추지 않는 심장 소리가 귀가를 맴돈다
두 눈은 아직도 하얀 눈꽃에 꽂혀
헤어나질 못하고 있다

모든 것이 영원하길 바라며.

김광숙

동백 사랑과 함께 봄빛이

봄을 알리는 붉은 유혹의 향기
내 심장에 진한 사랑을 심어놓는다

어느새 내 두 볼은
동백꽃 꽃잎 물들어
봄의 홍조를 띄운다

호랑나비도 흰나비도
날개 끝에 봄빛을 싣고
날갯짓을 한다

달콤한 꽃향기 폴폴 날리며
힘차게 날갯짓을 한다.

착각이었어

화창한 봄날 꽃향기 바람결에 스며들 때
나에게만 달콤하게 느껴지는 줄 알았지

여름 소낙비 시원스럽게 내리는 날
내 마음을 알아주듯이 내려주는 줄 알았어

고운 단 풍물 곱게 비추는 어느 가을날
내 심장에만 붉게 타는 줄 알았지

함박눈 가슴 가득 내리는 겨울
나만 위해 눈꽃을 피우는 줄 알았는데

그건 착각이었더라고
누구에게나 시점에 따라 느끼는 감정이었지

내가 착각하는 것처럼
그래도 좋았네 나를 위한 거니까.

김광숙

아침 풍경

차창 밖으로 봄비가 소리 없이 내리며
비 창살 안에 갇힌 새들의 합창 소리는
무거웠던 마음을 따뜻한 손길로 보듬어준다

나뭇가지 가지마다 물방울은
다이아몬드처럼 대롱대롱 반짝이고
또 다른 이중창의 새들 합창이
무대 위에 올라와 노래한다

어디서 나는지 골짜기에서 날듯한
물소리가 졸졸졸 들리고
싱그러운 여름빛 향기 코끝으로 들어온다

이중창의 새들 합창은 어느새 끝나고
삼중 창의 하모니가 열리는 창틈으로
마음 깊숙이 스며드는 아침이다.

아카시아 향 같은 사랑아

살며시 스며드는 그대
심장에 사랑의 단물로 유혹한다
보이지 않는 투명한 빛으로

그늘 망을 들고는 다가온다
아무 데도 갈 수 없게
그대만의 꽃으로 물들어놓는다.

김광숙

오월의 풍경

꽃향기 가슴에 스며들며
아름다운 수채화 한 폭
그려내는 오월입니다

초록빛 파도를 몰고 오고
산들바람이 싱그러운 향기를
몰고 와 코끝을 간지럼입니다

길가에는 사랑을 나누는 연인들
달콤한 향기로 유혹하고
봄날을 노래하며 춤을 춥니다.

라벤더의 추억

추억 속의 시간
시시때때로 아픔도 동반했지만
그리움 가득한 사랑이야기

지금은 추억 속에
간직한 빛바랜 사연
꽃잎 날리는 이 순간

햇살이 눈 부신
창 넓은 카페 앞에 펼쳐진다
잊혀진 보랏빛 추억이 나래를 펼치며.

김광숙

꽃눈

꽃이 날린다
하얀 꽃눈이 너울너울 춤추며
축제를 준비를 하며

삼월의 하늘에 웃음꽃 날린다
봄이 오는 길목에
비단길 깔아 놓으며

예쁜 꽃신을 신고
마중 나가야겠다
우리님 담장 너머 옷깃이 보인다.

비 오는 날

오늘 같은 날은 휑하니
어디론가 떠나고 싶어진다
도착지 없이 여행 가방을 챙겨보자
꽃비 따라 무작정 달려보는 거야

저 기찻길 끝나는 곳까지
이름 모를 들꽃이 기다리는 곳
언제 올지 모를 기차 시간을 기다리며
기차를 타고 빗속을 달려보자.

김광숙

도시 속에 머무는 계절

가로수에 꽃물결이 일렁이며
큐피드 화살이 심장을 향해 돌진
숨 쉴 틈도 없이 사랑에 빠진다

겨울에 냉기가 돌던 가로수는
어느새 꽃향기의 달콤함과
초록빛의 싱그러움이 향수를 만들고

삭막했던 도시를 봄의 정원으로 환생한다
얼어붙어 있던 사람들의 마음도
꽃의 사랑으로 물들인다.

하루라는 꽃이 필 때면

날 바라보는 눈빛은 그 어디에서도
본적 없는 부드러운 눈빛의 소유자

심장이 멎을 듯 설레이게 하며
하루의 꽃잎이 한 장 한 장 피어날 때마다

꽃봉오리 안에서 새어 나오는 향기는
천연의 향수였다

매일 나를 행복의 울타리 안에서
사랑을 피우게 하고 추억을 쌓아가게 했다

오늘도 내게 손 내민 하루는
여린 꽃잎처럼 부드럽지만

강한 속마음으로 나를 쓰러지지 않게
지탱해주기에

사랑할 수밖에 없는
귀한 나의 하루 꽃이랍니다.

김광숙

3부. 그대 생각

창살로 햇살이 따사롭게 들어온다
눈부신 겨울 아침 그대 생각으로
행복한 하루 시작한다

                그대 생각 중

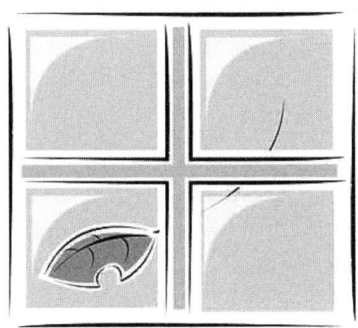

그대 생각

따뜻한 커피가 생각나는 아침
그대와 함께 마시는 상상을 했다
진한 커피 맛이 사랑을 부른다

오늘은 에소프레소
한잔 마셔야겠다
그대 생각이 짙어서

창살로 햇살이 따사롭게 들어온다
눈부신 겨울 아침 그대 생각으로
행복한 하루 시작한다

덕분에 하루가
행복하고 향기로 가득하다
음악 향기도 더불어.

오월의 사랑

웃고 있다 하얀 모란이
무엇이 그리 좋아 아침부터
눈웃음 눈꼬리에 걸어 놓고
살인 미소 날린다

자줏빛 옷을 걸친 또 한 여인
매혹적인 자태로 그윽한 향기 후우
내 코끝으로 불어넣는다
오월의 아침 햇살이 따사롭다

사랑스러운 모란꽃 연인들
그리움으로 가득했던 사랑을
오월의 하늘에 활짝 펼쳐낸다
아름다운 사랑으로 꽃을 피운다.

김광숙

사랑

달빛처럼 밤에만 피는 꽃인가
태양처럼 뜨겁게 낮에만
불꽃을 틔우는 꽃인가

누가 볼 새라 살그머니
품속으로 스며들더니
온몸에 전율이 퍼진다

첫 숨이 올라오듯이
톡톡톡 사랑 꽃을 피운다
봄의 축제 속에서.

보내고 싶지 않은 사랑

벌써 가려나
연분홍 치맛자락 속으로
초록빛 속치마 살포시 내보이네
이제 뜨거운 사랑 불꽃 튀는데

벌써 이별의 준비를 하고 있었네요
앙큼한 봄임이었네요
알 수 없는 것이 속인지라
그저 서운한 감만 감도네요

그래도 살짝 들켜버린 봄
임의 깊은 맘 헤아려줘야지요
내 사랑 상처받지 말라고
베풀어주는 예쁜 사랑이네요
그 마음 헤아려 준비를 해야겠어요.

김광숙

짝사랑

시간이 지나면 지날수록
그대를 그리워하는 마음은 깊어갑니다
예기치 못한 시행착오
난 그만 사랑에 빠지고 말았습니다

친구라 생각했던 그대에게
내 마음을 온통 빼앗기고 말았습니다
짝사랑이라도 좋습니다
그대 내 안에 있는 것만으로도 행복합니다

이 마음 절대 가져가면 안 됩니다
내 사랑이니까요
무방비 상태의 그 마음 가져와서
미안하지만 어쩔 수가 없습니다

스토커 같은 사랑일지라도
마음으로 속내를 들키지 않게
해바라기처럼 바라보는 사랑으로
내 안에서 사랑하겠습니다.

별빛이 내리는 밤

하늘에 하나 둘 별빛이 반짝이며
하얀 유리창에 입김 호호 불며
편지를 씁니다

오늘따라 유난히 별빛이 반짝입니다
떠나간 내 님이 올 것만 같아요
님 좋아하던 커피 한잔 놓아둡니다

불빛 반짝이는 어두운 창밖 바라보며
님이 불러주던 노래 들으며
이 밤이 하얗게 지새우도록 기다려 봅니다.

김광숙

기다림

따뜻한 시간
누군가를 기다린다는 것은
행복입니다

좋아하는 커피를 마시며
두 어깨 들썩거리는 재즈에
맞추어 리듬을 타고

유리창에 흐르는 봄비를
바라보며 생각에 잠기는 시간
기다림은 나에게 행복입니다.

그대만 생각하면

아직도 심장이 두근두근 사랑일까요
아직도 채우지 못한 그리움 탓일까요

어둠이 흐르는 창가에
빗방울을 보니 당신 생각이 더 짙은 밤

당신을 향한 그리움에 타는 목젖을 달래려
쓴 알코올로 빈 심장을 채웁니다

사랑 때문에 앉아 있는 딱정이를
치유하기 위해 아픔을 달래 봅니다.

김광숙

오늘처럼 그리움이 스며들면

그립다
눈가에 눈물이 촉촉이 젖는다

그냥 내 심장 안에 사는 사랑
볼 수도 두 손으로 만질 수도 없다
그냥 뜨거워지는 가슴으로만 느낄 수밖에

날이 또 얼마 남지 않았네
엄마 기일이 다가오니
엄마 향수가 더 짙게 다가온다

엄마 좋아했던 꽃 비누 사러 가야겠다
엄마 향수 느끼러 가야겠다.

당신은 제 마음이 사랑하는 사람

참 많은 세월이 흘렀습니다
그때는 몰랐습니다
나이를 먹고 철이 들면서 알게 되었습니다

당신은 내 마음이 사랑하는 사람이란 걸
이만큼 살아온 지금까지 한결같은 마음으로
사랑을 부어 주던 당신

늘 그 자리에서 함께 기다려주신 당신
늦지 않게 깨닫게 해줘서 고맙습니다
그리고 사랑합니다

소풍 가는 기분으로
삶의 여정을 즐길 수 있게 해줘서
감사합니다.

김광숙

달

달이 꽉 찼네
내 마음을 보았나
그리움이 사라지네

꽃을 만난 그대
달빛 아래로 떨어져도
그대는 내 님이네.

목소리

그리움이 잠겼네요
늘 그리웠던 목소리

숨을 쉬게 하고
위안을 줍니다

욕심은 넘치지만
여기까지 탐하려 합니다.

김광숙

묻어버린 사랑

흔적 없이
사랑하렵니다

운명적 이끌림 연
꺼내 놓기에는 아픈 사랑이기에
가슴에 묻어 두고 혼자서만
사랑하겠습니다

바라만 봐도 사랑하고픈 그대이기에
아픔은 나 혼자만 감당하겠습니다

내가 시작한 사랑이기에
그냥 바라보이는 대로
당신의 모든 것을 사랑하겠습니다.

그리움

한 송이 눈물 꽃
이 마음 그대는 알까요

평생 품고 갈 내 사랑
한 번은 보았으니

남은 그리움의 감당은
제 몫입니다.

김광숙

운명처럼

이끌림 알 수 없는 전류에 시선 고정
심장이 제멋대로 움직이기 시작했다
째깍째깍 시간의 흐름 속에 오직 그대 생각뿐

오늘도 내 마음은 외출 중
그대 있는 저편에 함께 있다
온통 그대 생각으로

두 번째 만남 내 감정이 그대 향해 멈춤
시선 고정 깍지 낀 손가락 사이로 전류가 흐르고
날 위에 부르는 음악 선율 위로 사랑이 흐른다.

사랑의 향기

전화선을 통해 들려오는 그대 음성은
참으로 듣고 싶었던 목소리였습니다
내 심장을 숨 쉴 틈도
주지 않은 채 바꾸어 놓습니다

그대의 목소리로 인해
비타민이 충전된 아침입니다
입가에 웃음 고리 귀에 걸리도록
미소 지어지네요

사랑의 향기가
폴폴 넘치는 아침입니다
어디서 나는 건지
향 짙은 커피 향이
솔솔 행복을 줍니다

그대가 옆에 있는듯합니다
따뜻한 온기가 느껴지네요
마음이 함께라서 그런가 봅니다
고마워요 내게 와줘서.

김광숙

빗속에

퇴근길 사브작 거리며 비가 내린다
빨간 우산을 켰다 가로등이 되어
어두운 길을 밝혀준다

어디서 나는 향기일까 코끝을 자극한다
비와 잘 어울리는 커피 향기가 마음을 훔쳐간다
작은 길거리 카페 한숨 돌리고 가라 한다

추억이 있는 곳
풍경이 사로잡는 그곳에
두 번에 흔적을 남긴다.

사랑의 불시착

예기치 않은 시간 속에
사랑이 머물기 시작하면서
손끝의 스치는 전율은 이미 사랑을 예감한다

일초 일분까지 그의 시선 안에 머물며
막연한 기다림의 연속에 그리워하며
추억으로 남겨두기에는
헤아릴 수 없는 깊이에 운명을 걸어놓았다

일 년 치 저장된 사랑의 메시지 속에
사랑의 마음을 확인하고
운명의 기차에 몸을 싣고 달리기 시작했다

얼마를 달렸을까 기차가 멈추고
낯익은 음성이 내 귀에 속삭이기 시작하며
"잘못탄 기차가 그대 앞에 데려다주었소
 그저 간절한 마음과 운명만 믿고 왔소"

나도 모르게 뜨거운 눈물이
얼어있던 심장이 사랑의 목소리로
녹아버리기 시작했습니다.

김광숙

가슴 시린 노래가

서울행 버스를 타고
음악과 동행
하얀 줄을 따라
흘러나오는 멜로디가
내 가슴을 적시고 있었다

"내 안에 그대"
눈가에 보고픔 그리움 맺힌다
혼자 있는 그대의 모습
영화 필름이 스치듯
뇌리를 스쳐 가고

차마 누르지 못한
열 한자리 번호
오늘도 너에 대한
그리움을 먹고
가슴에 묻어둔다.

영화 속 이야기 같은 사랑

손끝에 흐르는 전율이 온몸으로 흐른다
만나야 할 운명이었을까
시간이 스치고 머물며 여러 해 동안
가슴 한가운데 느낌표를 찍는다

첫 만남의 심장 고장이 난나
쉴 새 없이 두레박질한다
허름한 선술집 긴장을 풀기 위해
한잔의 쓴 소주를 단숨에 들이켰다

떨리던 입술이 조금 진정이 되는 것 같다
여전히 심장은 다람쥐 쳇바퀴 돌듯
쉴 새 없이 달리고 새벽녘까지 지새우며
쌓아두었던 그리움을 풀어놓는다.

김광숙

듣고 싶어지는 목소리

무선을 통해 들려오는
너의 목소리가
내 마음을 사로잡는다

따뜻한 그 목소리에
힘든 시간이 녹아내리고
차단된 시간 속에 짧은 여운이 남는다

난 긴 터널 끝을 향해 달리기 시작했다
내가 숨을 쉴 수 있는 시간이
터널이 끝나는 시점 있기에

당신의 목소리를 찾아
무선 터널 속으로 슬금슬금
고단한 삶을 위로받기 위해 다가선다.

산딸나무 활짝 웃던 날

여름빛이 내려오는 아스팔트 위에
날씬한 몸매에 하얀 미소를 가진 그녀
내 시야를 한눈에 잡아 버리고는

상큼한 미소로 나를 기다렸다는 듯
웃음을 내보이며 길 가던
내 발목을 잡아 놓는다

무언가 예시하는 듯 마음마저 응시하며
그저 함박웃음만 보인다
지나가던 까치도 반가운 안부 놓고 가더니

기다렸던 따뜻한 안부
함박웃음 속에 한 아름 담고는
하늘 속에 숨어있는 태양처럼
웃음 터트리게 한다.

김광숙

4부. 아침의 단상

시원한 바람 가슴으로 스며들며
쌓여 있던 그리움이 녹아내린다

숨을 몰아쉬며 고운 햇살 내리는
아침 창가에 앉아 차 한잔을 음미하며

                아침의 단상 중

아침의 단상

또르르 건반 위에 아침을 여는 음률이
조용한 가슴에 파문을 일으킨다

잠자고 있는 나를 사랑에 멜로디로
아침을 깨우고

시원한 바람 가슴으로 스며들며
쌓여 있던 그리움이 녹아내린다

숨을 몰아쉬며 고운 햇살 내리는
아침 창가에 앉아 차 한잔을 음미하며

움츠리고 있던 가슴을 활짝 열어
11월의 따스한 사랑을 맞이한다.

내 사랑은 작은 꽃

산책로 한 귀퉁이
외롭게 자라는 풀꽃이여
나의 마음을 닮은 외로운 꽃이여
오늘도 작아진 내 마음을 보았나요
살짝 비친 미소 속에 사랑이 피어납니다.

김광숙

꿈꾸는 사랑

달빛 아래 눈 녹듯 흘러내리는
당신의 모습은 이루 말할 수 없이
황홀했습니다

눈부신 뽀얀 피부결에 시선은 고정되고
심장은 말을 듣지 않는 고장 난 시계처럼
쉴 새 없이 방망이질합니다

어디서 나는지 보이지 않는
라일락 향기처럼 달콤함이 입맞춤하는 시각
내 영혼은 사랑의 올가미 안에 갇힙니다.

나의 단 한 사람

언제나 함께 할게요
힘이 들 땐 기대세요
한쪽 어깨 그대를 위해 비워 놓을게요

시간이 잊어버리게 할지라도
그대만 꼭 기억할게요
그대도 꼭 기억해주세요

메모리 저장 공간에 지워지지 않는
비밀번호로 잠가 놓을게요
언제나 우리 함께해요

내가 줄 수 있는 모든 행복을
그대에게 줄게요
매일 잊혀지지 않는 사랑만 줄게요.

김광숙

너의 집 앞

그리움이 나를 불러 간 곳
빗소리가 내려 머무는 곳
바람이 불어 멈춘 곳

비는 그리움만큼 굵게 내리고
바람마저 깊은
그 애틋한 사랑에 슬피 운다

아, 슬픈 사랑이어라.

한 사람

나만 바라보는 그대
나를 위해 세상에 열린 문을 닫아 놓는다
오직 나만을 위해
눈과 입만 심장을 열어 놓는다

나 때문에 행복을 얻고 힘을 얻고
삶의 시름을 지워버린다
오직 나 때문에 꿈을 꾸고 미래를 향해 달려간다
둘만의 영원을 약속을 위해서.

김광숙

그대 있는 곳이라면

그대 부르면 달려갈게요
태양 빛이 강렬한 사막일지라도
내 마음은 이미 당신 마음속
그대가 원한다면
불길이라도 달려가겠습니다
그대는 내가 사랑할 수밖에 없는
운명이기에.

지금 이 시각

이른 새벽 눈이 떠지고
여전히 이어폰으로 흘러나오는 노래는
내 심장을 파고들고 있다

밤새 내리는 비는 잠시 소강 중
캄캄한 어둠 속에 졸졸 흐르는 물소리가
청아하게 귓가에 속은 된다

잠시
같은 맘의 전류가 흐르고
문득 그가 생각난다
나와 같은 맘이.

김광숙

자꾸 눈물이 납니다

저 파란 여름 하늘이 눈부신 까닭일까요
이유 없는 눈물이 두 뺨을 자꾸만 적시네요
뜨거운 커피로 마음을 달래야 할 것 같아요

힘없는 마음에 필요한 음악도 준비해야겠네요
한결 슬픈 마음에 위로의 온기가
여름 비처럼 시원하게 스며듭니다

어느새 밤이 깊어
달빛이 내리는 시각이 깊어갑니다
이제는 슬픔도 안녕을 고하려 합니다
하룻길에 좋은 것만 기억하겠습니다.

눈물 사랑

하루가 오고 하루가 가도
나의 사랑은 변하지 않는
단 한 번의 사랑
생각만 해도 눈물이 글썽

바라보고 있어도 바라보지 않아도
가슴이 아픈 그리운 사랑
가슴에 품고 있어도 눈물이 주르르

심장이 떨고 있네요 아시나요
그대 말없이 떠나갈까 봐
생각만 해도 눈시울이 뜨거워지네요
손 뻗으면 그 자리에 서 있는데도.

김광숙

코스모스 길

첫 만남 단둘이 걸었던 길
무지개도 하늘 끝에 걸려 미소 짓던 날
한송이 한송이 그대의 얼굴로 보이고

여름에서 가을로 가는 길목
계절이 바뀔 때며 생각 나는 그대
가을바람에 그대 느낌 스쳐 갑니다

내 가슴만큼 키가 자란 코스모스
한 아름 꺾어 고백받던 날
그대와 함께 걷던 길

그대 생각나 찾아온 코스모스길
살랑살랑 수줍은 모습으로
가슴 활짝 열고 반겨줍니다.

비가 온다

감성의 꽃물이 뚝뚝
가을 바닥을 적시네

이르게 다가온 가을은
벌써 바닥으로 등을 지고

아직 여물지 않은 가을은
진한 향기를 내 품어낸다.

김광숙

내 머릿속에 기억이 지워져도

언제부터였을까
시간의 흐름을 감지하지 못한 채
살아가고 있었다

지우려 애쓰지 않았는데도
지워지기 시작했다
기억하기 싫은 것은 더 빠르게

두꺼운 책장에 한 페이지가
찢겨 나가듯이 순식간에
몇 초 간격으로 삭제된다

하지만 기억력이 소멸하여
아무도 기억하지 못하더라도
당신만은 내 심장 안에서 기억하겠습니다.

당신을 사랑해서 미안해요

사랑하게 될 줄 몰랐습니다
처음 본 그날 설움이 끝인 줄
알았습니다

허름한 포장마차
안주도 없이 막걸리를
마시는 고독한 모습에

그만 마음이 봉인되었습니다
다가갈수록 간절한 그 마음
가슴에 품을 수밖에 없었습니다

미안해요
허락 없이
사랑하게 되었습니다.

김광숙

낮에만 같이 사는 사람

사랑이 될 줄 몰랐습니다
그대 없이는 단 하루도
살 수가 없게 되었습니다

일분일초도 아니 잠시도
애정 전선에 이상이 생기면
아무것도 할 수가 없습니다

늘 내 시선 안에
늘 마음 안에
늘 같은 마음으로

우리는 낮에만
함께 합니다
사랑이라는 이름으로.

사랑의 서약

말하지 않아도
서로의 가슴으로
사랑을 말합니다
그리고 약속합니다

이 생애가 끝나고
또 다른 생애가 오면
못다 했던 사랑을 하자고

가을빛은 꽃물이 되어
홍조 물을 뚝뚝 흘릴 때
우리 사랑도 진하게 익으리라고.

김광숙

한 남자와 한 여자가 만나

그 낯 설움 어디로 갔을까
오래된 연인처럼 서로에게 스며들며
거리도 없이 서로의 향기에 취해갑니다

향긋한 봄빛이었나요
커피 향이 짙은 가을빛이었나요
알 수 없는 매혹적인 향기에 취해갑니다

한 남자와 한 여자가 만나
진한 사랑의 스토리를 쓰고 있습니다
영원함을 갈구하며.

잊히지 않을 풍경

황금빛 노을이
그대 이름 언저리에 물들 때
우리의 사랑도 활짝 피어나겠지요

알 수 없는 종착역을 향해
우리는 달려가고 있지만
같은 맘으로 두 손 꼭 잡고 가요

인생의 어느 종점에 머무는 날
당신가 내가 행복한 모습으로
바라보고 있기를 기대합니다.

김광숙

이루어질 수 없는 사랑

곱게 물든 단풍잎처럼
붉게 타는 사랑아
영원히 이루어질 수 없음을 알면서도
피멍이 들어도 투정을 부리네.

늘 기다리던 그 자리에

가을꽃이 피었습니다
순수한 당신의 마음 꽃이
사랑을 갈구하는
마음이 넘쳐 꽃으로
환생한 아침입니다.

김광숙

그리운 사랑

오늘도 난 그대를 보았습니다
밤새 쌓인 그리운 만큼
뜨거운 포옹을 합니다
그리고 긴 입맞춤도

오늘도 눈이 아프도록
그대를 넣어봅니다
그래도 쌓인 그리움은
녹지 않은 채 더 쌓여만 갑니다

아직 오지 않은 겨울의
하얀 눈만큼이나
그리움이 소복이 쌓여 갑니다
사랑도 그만큼 쌓여 갑니다.

나의 부엌에 찾아온 봄

이른 아침 작은 창으로
고운 겨울 햇살 스며들더니
파릇파릇한 행복을 놓고 갑니다

아침을 준비하는 이 시각 요리가 즐거워지네요
봄빛과 함께 아침을 준비하니
더 행복한 시간입니다

내게 온 손님이니 대접을 해야겠네요
커피 향 가득한 아메리카노 한잔 준비하고
그대 좋아하는 상큼한 자몽도 준비하고요
내 인생에 따뜻한 봄날을 준비해줬으니까요

오늘 하루도 그대 덕분에
행복한 휴일이 될 것 같아요
우리 먼 거리는 못 가지만
내 품에 안고 갈게요

바다 향기 맡으러 가요
시원한 바다 하늘 향기도요
우리 고운 추억 만들어요.

김광숙

오늘처럼 비가 내리면

비가 온다
그리움도 함께
짙은 그리움이다
장기전 태세

장편 소설 한 권을 펼쳤다
귓가에 들리는 시냇물 소리처럼
짙은 그리움이 씻겨나가길 바라며
두서없이 소설책으로 파고들었다

짙은 에스프레소 한 모음 타 놓고
그 향과 함께 음미하며
백일홍 나뭇가지에 톡톡톡 떨어지는
연분홍 빗물을 바라보면서

툭툭 끊어지는 줄거리를 걸러 걸러 흡입하며
빗속으로 파고 들어간다
그리움도 함께.

살아가는 동안

언제 가는 헤어져야 할 운명
우리 사는 동안 상처 주지 말아요

기약할 수 없는 시간을 헛되게 보내지 말아요
슬픈 일은 만들지 말아요
기쁜 시간만 쌓아가요

미운 마음 들면 뒤로 한걸음 잠시
앞으로 주어진 시간은 단축되어 갑니다

사랑하기에도 짧은 시간입니다
우리 행복만 만들어 가요
우리 사랑만 해요.

김광숙

소중한 당신

행복한 아침을
함께 열어주시는 당신
숨처럼 소중한 당신

오늘도 사랑하는 당신과
함께 여는 이 아침이
달콤하기만 합니다

차 한잔을 마셔도
생각나는 당신
좋은 음악을 들어도
생각나는 당신

길을 가다 쇼윈도에 걸린
옷을 보아도 생각나는 당신

봄빛이 스미는 2월의 햇살에도
생각나는 당신이 있어
내 삶은 행복합니다.

인생 연주 비법

병원 안 소박한 독서 공간
스타벅스 커피 향기 가득하고 쉼이 필요할 때
쉴 수 있는 곳 장기간 머무르는 동안
탁한 머릿속을 청소해 주는 이곳이 있어 참 좋다

책 한 권이 내 눈길을 잡아당긴다
저쪽에서 주파를 보네 따라온 그곳에
인생 연주 비법이 담겨있었다
책 표지를 보는 순간 즐거운 인생이 시작된다

내가 병간호를 하러온 것을 잊어버리게 하는 순간
병원에서 휴가를 즐기게 된다
따뜻한 겨울 햇살 속에서 행복을 누리라 한다

난 기도만 하고 찬양만 하고
내 힘든 고난은 내 영혼의 아버지 주님이
대신 해결해주신다고 아무 걱정하지 말라고
근심하는 심장 위에 평온의 선물을 품어 놓으신다
이 순간 천국은 여기에.

김광숙

이 여자의 행복

날 울린 한 다발의 꽃다발
알딸딸하니 소주 한잔 걸치고 한 손에는
누런 봉투에 꽃다발을 들고 불그스레한 얼굴로
마누라 생일 축하해하며 들어온다
온 식구가 눈이 둥그레졌다

봄빛처럼 그녀에게 행복이 스며들었다
용광로처럼 뜨거운 눈물이 울컥
심장이 떨리고 그칠 줄 모르는
행복의 웃음이 귀에 걸려 떨어지지를 않았다

아 행복은 멀리 있지 않았다
바로 내 앞에서 빙그레 웃고 있었다
뜻하지 않은 사랑 고백까지 울 마누라 사랑해하네
이 평생 살면서 처음 들어본 애정 표현
심장에 또 다른 불을 지른다

두 배의 사랑이 불타오르기 시작한다
제2의 인생이 시작된다
화려한 클라이막스의 문이 열리며
이 여자의 꿈꾸던 삶이 펼쳐진다
쉰세 살 생일날 참 인생을 알게 된다.

심장을 지워야 하나 봐

나만의 한 사람을 가졌다
하지만 지워야 하는 사랑
마음을 비워 내려해도 비워지지 않는다
단 한 번의 만남 심장에 박힌 얼굴

하루 이틀 시간은 흘러가지만
심장에 박힌 너의 얼굴은 지워지지 않는다
생각할수록 더 파고들어 가슴을 아프게 한다
심장을 지울 수 있다면 지우고 싶다

처음 몰랐던 때로 기억을 돌리고 싶다
오늘도 여전히 내 시야에서 머물고 있다
넘기는 책장 사이에도 인쇄돼서 떠오르고
그리움을 삼키기 위해 타 놓은
커피잔 위에도 머문다.

김광숙

〈시해설〉
삶 속의 그려지는 인생, 그 아픈 노래

나의 사랑은 현재 진행형
김광숙 시집

삶 속의 그려지는 인생, 그 아픈 노래

나의 사랑은 현재 진행형_김광숙 시집

『현대시선』 발행인 윤기영

1 그 영역에 서면

첫 번째 시집을 상재하는 김광숙 시인의 시를 일별해보면 자연의 이치에서 남다르다는 생각이 든다. 인생, 감정 선상에서 삶의 대변해주는 역할이 있으며 자연과 소통하려는 시적 감정 등이 작가의 마음을 움직여 시를 창작하려는 원동력으로 작용하고 있음을 보여주고 있다. 어쩌면 자연과 더불어 살아가는 그 순수함은 서정시와 잘 어울릴 수도 있으며 시와의 소통 또한 인생이다. 시를 일별해보았는데 언어 묘사 등은 많이 부족하지만 나름대로 열심히 살아온 인생 철학이 있었다.

요즘 시대적 흐름의 모티프는 오프라인이다 보니 수많은 작품 등이 인터넷 지면을 통해 쏟아지고 있다. 시의 저변확대에는 큰 도움이 되겠지만 문학도에게는 피해를 받기도 한다. 독자들이 바라보는 시선이 따갑기 때문이다. 그러나 지금은 많은 문학의 주류도 다양함으로 우린 어떤 관념에 대한 견해가 필요한지 고민해야 할 시기이기도 하다. 시 쓰는 일은 감성만으로는 안되고 시적 성찰이 있어야 시를 묘사하는데 큰 발전이 된다. 시는 시상으로 오는 시적 감성과 철학의 언어가 있어야 시가 융합되고 문

장의 통일성이 되었을 때 시인의 시로 주목받게 된다.

　김광숙 시인의 『나의 사랑이 머물고 있습니다』 소박한 사랑입니다/욕심낼 줄 모르는 때 묻지 않은/순수한 사랑의 결정체입니다//그저 바라보기에도 벅찬 사랑이며/그냥 소소한 것에 행복을 느끼고/다른 사람들에게는 별거 아닌 물건이지만//제일 소중한 것을 내게 건네주는/해맑은 아가의 마음을 가진 사랑이며/짧은 시간에 깊어져 가는 사랑입니다//그런 사랑이 늘 같은 마음으로/매일 사랑을 줍니다/이별은 나와는 먼 것이라며/따뜻한 사랑 선물 같은 사랑을 줍니다. 『나의 사랑이 머물고 있습니다』는 자연의 이치 속에서 시인의 가슴이 작아짐을 느끼게 된다. 자연이 주는 의미에 감사함을 깨닫고 있으며 자연과 더불어 살아가는 것을 만족하며 행복해한다. 자신도 모르게 아침마다 마주치는 자연과의 사랑은 늘 첫사랑처럼 연민처럼 자리 잡고 있음을 말해줌으로 독자에게 궁금증을 해소하게 한다.

　내가 살아가는 삶의 가치를 보여주듯 시인이 가지고 있는 감성과 성찰이 기다려지는 것은 삶의 오감을 여과시켜 정제된 서정시 세계의 감미로운 영역 때문이다.

소슬바람 불던
그 어느 날 오후
철없던 시절 재잘거리며

윤기영

친구들 사이에 끼여
수다 떨던 때가 마냥 좋았던 시절
밤이 깊어가는 줄 모르고
친구들과 시간을 보냈다

다시는 돌아갈 수 없는 시간들
추억으로 가슴 한편에 남아있다

나이는 어쩔 수 없나 보다
옛 추억이 그리운 걸 보니
그때로 돌아갈 수만 있다면
딱 하루만이라도 가고 싶다

여름으로 가는 길목
늦은 봄비가 주적주적 내리고
옛 추억이 담긴 음악을 들으며
향 깊은 에스프레소 한잔으로
마음 달랜다.

「추억 소환」 전문

 김광숙 시인의 『추억 소환』 시는 지난 시간의 성찰이다. 시의 전개를 살펴보기로 하자. 어느 여름날 친구들과 지난 장소에 시간을 소환해 놓고 즐기고 있음을 말하고 있다. 이렇듯 현재와 과거는 시적 묘한 뉘앙스가 있는 것이다. 3단락에서 동심으로 돌아가고 싶다는 것을 제시해 주기도 한다. 친구들과 만남 속에는 커피 향이 진하게 지난 시간을 희석하고 있다.

『나의 사랑이 머물고 있습니다』『추억 소환』 시상은 시인의 진솔한 삶을 그대로 보여주고 있다. 어쩌면 가슴에 남아있는 것들을 불러냄으로 나의 삶이 메아리 되어 함께 공존해 줌으로 시적 호흡을 통한 성찰로 시를 쓰는 원동력이 되어가고 있다. 계절이 주는 의미와 우주 만물의 이치를 잘 이해하는 시인의 자세는 시의 발전을 엿보게 하는지도 모른다. 시인은 한정된 공간에서 시적 울림이나 감성적 시가 가지고 있는 단어의 의미가 무엇일까? 질문을 던지며 상상 속에 잠길 때도 있지만, 『나의 사랑이 머물고 있습니다』 시처럼 작은 소망을 기다리며 자연과 더불어 삶을 배우며 이치를 깨우침으로 하여금 성찰하고 있으며 시의 언어를 터득하고 영혼을 발췌하며 마음에 해답을 찾기 위한 소통으로 여행한다. 『추억 소환』을 통해서도 삶의 진리를 배우고 소박한 꿈을 찾아 나의 영역에서 벗어나려 열심히 소통하는 것을 보여주고 있다.

다시 『봄이 오면』 꽃잎 편지지 만들어/그대에게 편지를 씁니다/우리 사랑하던 때를 떠올리며//고이 접어두었던 사랑이야기/꽃잎으로 하얀 백지 위에 나열합니다/아직도 기억의 모퉁이에 남아있는 추억들//힘들 때마다 위로를 해주던/이 편지를 받을 수 있을지 모르지만/어디선가 잘살고 있을 그대에게//그리움 한 가닥 꽃눈 나리는 봄날/그대 편에 바람 따라 갈 수 있게/아직 지워지지 않은 사연도 함께 보냅니다. 『봄이 오면』 시인의 마음에는 꿈이라는 봄의 상징성이 늘 함께하고 있음을 은연중에도 보여주고 있다.

윤기영

다시 『꽃이 피니 사랑이 옵니다』 늘 빨간 우체통을 보며/기다렸습니다/오늘은 봄빛이 더 강하게/다가옵니다//준비를 해야겠네요/임이 꽃마차를 타고 오신답니다//제일 좋아하는 보랏빛 원피스를 입고/마중 가야겠네요//사뿐사뿐 걸을 때/신을 유리 구두 한 켤레 준비하고//반가운 임 오신다는데/예쁜 꽃향기 들고 오시는데//가슴 활짝 열어 놓고/폭 안아 줘야겠네요. 『꽃이 피니 사랑이 옵니다』 시인의 시상에서 말하는 것처럼 순환되어 돌아와 있다. 시를 찾아 여행하며 기다려지는 세상 이치에 감사하며 자연과 대화하며 연민처럼 살아가고 있음을 잘 보여주고 있다. 시인의 봄 마중은 어느 때보다도 분주해 보이는 것은 정서적으로 절실한 삶의 온도인지도 모른다.

　『나의 사랑이 머물고 있습니다』『추억 소환』『봄이 오면』『꽃이 피니 사랑이 옵니다』의 시상을 보면서 시인이 가지고 있는 공통점 등을 발견하게 이른다. 시의 감성이 순수하고 시인이 가지고 있는 다양한 호흡은 시인이 가지고 있는 다양한 개성의 발견이며 창작을 통해 순수한 열정을 보게 된다,

　시적 언어 묘사는 없지만 순수한 언어를 구사하는 진솔한 인간의 발견이기도 하다. 시인의 시를 감상하면서 서정시와 풍류 시를 이해하는데, 큰 도움이 된다. 삶의 긴 통로에서 얻어지는 진리와의 싸움은 외롭고 힘들지만, 시를 이해하려 들지 말고 스스로 터득하며 자연과 대화하며 살아가는 것도 참 좋은 발전이다. 긍정적 마인드가 있어야 시를 쓰게 하는

원동력을 잃지 않고 시와 소통하며 내 삶을 더 노력해야 하는 시적 감성 등을 잘 그려내고 있으며 따뜻하고 진솔함으로 소통하는 감성 시인으로 성장이 보인다.

2. 봄을 노래하는 연금술사

 김광숙 시인은 봄이 오기까지의 동면의 시간과 만남은 여린 소녀 같기도 하다. 동면은 모든 만물이 생동하는 계절이기에 활기가 넘쳐나는 시기이다. 시인의 시에서 보여주듯 삶 속에는 문득 자연과 대화하며 성찰하고 인생 길목에서 둔탁한 세월의 소리로 위로도 받으며 때론 어린아이처럼 어리광도 부려보며 나의 삶의 일부인 희망의 메시지도 던져본다. 그렇게 자연으로부터 꿈과 희망을 노래 부르며 시인이라는 자리에 서서 희로애락을 즐기며 나름대로 성찰하며 살아가는지도 모른다.

 시인의 시를 잠시 살펴보기로 하자, 정서적 표상들은 진정성의 묘한 향기가 순환하는 시대적 잔상이다. 봄을 상징하듯 새로이 맞을 때마다 꿈과 희망의 메시지인지도 모른다. 자연과 더불어 소통하며 살아가는 시인의 정서가 보인다.

 『봄빛으로 오신 임』 시나브로 밀려오는 당신/어여쁘게도 단장하고 오시네요/오색빛깔 고운 저고리 입으시고/너울너울 오시네요//아직은 칼바람 매섭게 날을 세우지만/살살 녹는 봄빛의 사랑처럼/아무리

매서운 동장군이라도/마음을 내려놓습니다 등

『봄에 사랑을 그리다』 겨우내 숨어있던 하얀 하늘에/파란 물감으로 색을 입혀 본다/양털 같은 뭉게구름도 넣어주고//한 모퉁이에 테이블도 놓아 줄까/달콤한 꽃차 한잔 타 놓아야겠네/당신이 좋아하는 모카라떼도 함께//어느새 왔을까/빈 가지에 새순이 돋기 시작하더니/솜털 같은 꽃잎이 날갯짓을 한다//어느새 비어있던 큰 나무도/봄빛이 가득한 사랑으로/톡톡톡 웃음꽃을 피우기 시작한다. 등

『꽃씨』 서정윤 시인/눈물보다 아름다운 시를 써야지/꿈속에서나 만날 수 있는/그대 한 사람만을 위해/내 생명 하나의 유리이슬이 되어야지//은해사 솔바람 목에 두르고/내 가슴의 서쪽으로 떨어지는 노을도 들고//그대 앞에 서면/그대는 깊이 숨겨 둔 눈물로/내 눈 속 들꽃의 의미를 찾아내겠지//사랑은 자기를 버릴 때 별이 되고/눈물은 모두 보여주며/비로소 고귀해진다/목숨을 걸고 시를 써도/나는 아직/그대의 노을을 보지 못했다//눈물보다 아름다운 시를 위해/나는 그대 창 앞에 꽃씨를 뿌린다/오직 그대 한 사람만을 위해/내 생명의 꽃씨를 묻는다/맑은 영혼으로 그대 앞에 서야지.『꽃씨』

『춘설 春雪』 정지용 시인. 문 열자 선뜻!/먼 산이 이마에 차라//우수절 들어/바로 초하로 아츰,//새삼스레 눈이 덮힌 뫼뿌리와/서늘옵고 빛난 이마받이하다//얼음 금가고 바람 새로 따르거니/흰 옷고름 절로 향기롭어라//옹송그리고 살아난 양이/아아 꿈같

기에 설어라//미나리 파릇한 새순 돋고/옴짓 아니기던 고기입이 오물거리는,//꽃피기 전 철 아닌 눈에/핫옷 벗고 도로 춥고 싶어라.『춘설 春雪』

　김광숙 시인의 『봄빛으로 오신 임』『봄에 사랑을 그리다』서정윤 시인의 『꽃씨』 정지용 시인의 『춘설 春雪』 등을 보면서 과거와 현재의 시상들이 얼마나 달라지고 있나 관찰하는 시간적 여백을 그려 보았다. 시상 내용은 다르지만 봄을 상징하는 흐름에 대한 성찰에서 삶과 인생이라는 공통점을 발견하게 된다. 김광숙 시인은 시간적 봄을 기다리는 작은 소망이 있다면 서정윤의 꽃씨와 정지용의 춘설은 나름대로 시적 상징이 잘 나타나 있는 시들이다. 시대적 삶이든 현재의 삶이든 시인은 그 진솔한 삶을 그려내는 성찰 되어야 오랫동안 독자로 하여금 사랑받게 된다. 그래서 우린 독자와의 기대감에 의지하며 진리를 찾아 창작하고 있는지도 모른다.

　시인의 마음을 통해 얻어지는 감성적 차이를 바라보며 얼마나 삶이 각별한지 실감하게 하는 자연의 소리를 듣는다. 순수하고 아름다운 감성으로 노래하는 시인의 감성 연금술사에 다시 시의 호소력과 시의 깊이를 확보하고 있는 (독자)의 마음으로 돌아가 또 다른 인생 삶의 성찰해 보자.

봄 끝자락 여름으로 달리고 있다
꽃이 피었는지 졌는지도 모른 채
그렇게 봄은 이별준비를 하고 있었다

윤기영

천국으로 가는 길 하얀 금빛 가루의
융단이 펼쳐지고 꽃길이 열리기 시작했다
꼭꼭 숨어 보이지 않던 목련의 우아함도 보이고

수수꽃다리의 청아한 빛을 보여주며
봉긋 연분홍 입술 쭉 내밀며
유혹하는 모습도 눈에 띈다

유난히 길었던 어느 봄날
사랑의 빛이 보이기 시작했다
싱그럽게 가슴으로 스며들어오면서

「유난히 길었던 봄」 전문

처마 끝에 보랏빛 드레스를 입고
이른 아침부터 기다리는 그녀
그 자체만으로도 섹시하게
짙은 화장을 하고
묘한 눈빛으로 바라보다

나와 눈이 마주쳤다
화려함 속에 숨어있는 수줍은 미소가
유혹의 눈빛을 날린다
그녀의 속내가 보인다
심장이 야릇해지는 순간이다

「아침에 만난 그녀」 전문

시선 집중 심장이 멎는 순간
만지면 부서질 듯 가녀린 실루엣
눈으로만 보기에는
가슴속이 채워지지 않는다

가슴으로 안으면 금방이라도
녹아내릴 것 같은 꽃잎
핑크빛이 사랑할 수밖에 없는
향기로 취하게 만든다

「사랑할 수밖에 없는 그대」 전문

 김광숙 시인은 자연이 주는 사색의 창을 발견하며 인생이 남다르게 보인다. 세 편의 시에서 보여주는 봄의 여정이 아름답게 수놓고 있다. 그 감성 속에서 사경을 헤매듯 그림을 그리는 삶이 진정한 삶의 노래이며 후회 없는 삶이란 질문에서 자연의 이치는 봄을 상징한다. 기다려지는 삶들이 마음의 꽃으로 환기하고 있으며 시를 통해 진리를 보고 있다.

『유난히 길었던 봄』『아침에 만난 그녀』『사랑할 수밖에 없는 그대』 세 편의 시에서는 시인과 밀접한 관계를 유지하고 있음을 다시 보여주고 있다. 시인과 사물 사이에 잠재되어있는 연관성이 공감을 끌어내는 다양한 역할을 해줌으로써 내면에 잠재된 언어를 환기해 줌으로 봄은 더 기다림과 아쉬움으로 물들어가고 있다.

 1부.『나의 사랑이 머물고 있습니다』『추억 소환』

윤기영

『봄이 오면』『꽃이 피니 사랑이 옵니다』는 삶과 자연의 이치에서 끊임없는 성찰을 통해 소통의 창을 만들어 줌으로 순환하며 감성을 자극하게 하는가 하면.

2부. 『봄빛으로 오신 임』『봄에 사랑을 그리다』『유난히 길었던 봄』『아침에 만난 그녀』『사랑할 수밖에 없는 그대』 다섯 편의 시상을 통해 새로운 사실을 발견하게 된다. 시인이 가지고 있는 다양한 감성들을 소통의 창으로 끌어내 소유하고 있음을 발견하고 있었으며 수많은 방식의 소통으로 살아가는 여정에는 꽃향기와 바람 소리 등을 거리에 두고 감지하며 직시하고 있음을 보여주며 시와 여행하고 있음을 암시하고 있다.

3. 자연의 이치와 삶의 의미는 무엇인가

이제 김광숙 시인의 초기 시에서 보아온 언어의 정제미와 소통의 사물을 접어두고 지금까지의 인용한 시에서 의미와 그의 개성이 있는 또 다른 주류에서 질문을 던지며 조명해 보자. 시의 율격이나 시의 형성 과정을 보면 사물 인식 체계가 있다. 즉, 내면 의식과 객관적 사물 인식이 관객 적으로 잘 나타내고 있다는 것이다. 치열한 현실 인식은 적응하기 위한 독백 구조로 시와 타협하며 나름대로 삶을 성찰하며 사는 것 같다. 가끔은 현실을 들여다보고 호소력 있는 언어 묘사와 시의 개성을 살려 독창적으로 노력하고 있음을 보여주고 있다.

『시작의 알림』 아름다운 시작의 알림/사랑하는 나의 사람아/당신을 만나 참 행복합니다//사랑의 향기가 바람을 따라/꽃향기 속의 사랑을 안고/만남 속에서 인연의 향기를 채우리//내 마음이 사랑하는 동안/인생의 흐뭇한 향기 마음의 향기를/사랑스러운 그대에 뿌려주리다//사랑하는 사람아/우리 초심을 잃지 말고/사랑의 향기로 채우자//따뜻한 가슴으로 품어주고/아름다운 사랑을 그대에게/듬뿍 주리라 『시작의 알림』의 시에서는 마땅히 거쳐야 할 숙제지만 인연은 영원하다는 것을 보여주고 있다. 우린 삶의 풍경에 소박함을 느끼며 자유롭게 사는지도 모른다. 우린 자연의 이치를 바라보며 내가 늙어가는 지난 시간을 후회하곤 하는 게 인생의 참맛인지도 모른다. 시인이라 얼마나 다행이든가 과거와 현실을 여행하고 있으니 말이다.

다시 『하루 끝에』 저녁놀 빨갛게 물드는 저 끝에/나의 하루와 당신의 하루가/함께이길 바랍니다//오늘도 끊어진 안부를 기다리며/연락 끊긴 빈 전화기만 바라봅니다/그대가 없는 내 삶에 공간이/이렇게 크게 느껴질 줄 몰랐습니다//가슴이 너무 아파서 어깨를 필수 없을 만큼/그대를 향한 내 감정은/어느새 사랑이 되어 깊어질수록/그대가 갈증이 나고 더해질수록/그대가 허기가 집니다//오늘도 내일도 기약 없는 시간을/기다려봅니다/아무리 없듯이 방긋 아침 안부를 물으며/올 날을 기다립니다. 『하루 끝에』는 시인이 살아가야 할 고단한 삶 등이 직설적으로 보여지기 시작한다. 하루하루 보여지는 일상은 자아인식으로 탈바꿈하고 있을 보여준다. 이제 자신도

윤기영

모르게 시어 속에 자신이 벗어날 수 없다는 것을 암시하고 있다. 이렇듯 시인은 사물을 통해 오감을 느끼고 성찰하며 글로 표현하니 얼마나 좋은 직업인가 늘 가슴에 도사리고 있는 언어를 글로 풀어 놓을 수 있는 사물의 주인도 시인이 아니던가 시인의 성찰은 자신의 삶을 제시해 준다.

『시작의 알림』『하루 끝에』을 통해 자아 인식은 순례라는 인생의 전환기를 맞이하는 시적 사색은 감성 시인으로 정확하게 드러나고 있다. 하루 눈뜨면 일상이 되어가는 언어의 소통은 오감으로 현실에 부응하고 있음을 발휘하게 이른다, 그 중심에는 시인이 하고자 하는 시의 영역에 소통을 공존하고 있음을 보여준다. 자유로운 서정의 감성 꽃을 피워볼 일이 아니겠는가.

이처럼 시인의 마음에는 영원히 떠나지 않는 시적 감성을 통해 시를 적는 일이 일상화되어가고 있음을 보여주는 것 또한 독자와 소통하는 영역을 확보하고 있음을 보여주게 이른다.

아침에 눈을 떠 시작하는 순간부터
하루를 마무리하는 시간까지
어떠한 하루가 허락될지 모르는 시간들도
당신의 삶이기에 사랑하고 싶습니다

내가 그대를 사랑하기에
내가 짊어지고 갈 삶이기에

설령 아픔이 머물지언정
그 또한 내가 품고 갈 사랑입니다

붉은 노을이 아침을 열어주고
황금빛 노을이 우리의 삶을
마무리 해주는 것처럼
그대는 소중한 보물입니다

사계절의 시간이 흐르는 동안
난 그대만 바라보려 합니다
그대 또한 나와 같은 생각이기에
함께 하려 합니다.
「당신의 하루를」 전문

아침에 눈을 뜨면 제일 먼저
그대에게 안부를 묻는 시각
어제와 또 다른 하루의 선물이
우리를 기다리고 있습니다

오늘은 어떤 추억을 만들까요
오늘은 어떤 재미난 이야기를 만들까요
행복한 고민에 빠지는 이 순간
행복은 멀리 있는 게 아니라는 걸 아시는지요

내 주머니 안에 달콤한 사탕처럼
나와 동행한다는 사실 느껴 보세요
지금, 이 순간 그대와 내가
함께 바라보는 것이 행복이라는 것을요
「행복」 전문

윤기영

김광숙 시인의 「당신의 하루를」「행복」의 시는 무리 없이 잘 익히는 시어들이다. 흑과 백이 뚜렷하게 느끼듯 삶의 환경에서 함께 공존하며 살아가고 있음을 제시해줌으로 시간적 흐름은 전형적인 시의 오감에서 오는 온도 차가 교차하고 있다. 시의 정신이 무엇인지 터득하고 있음을 보여준다. 서정시의 시어 선택과 언어의 전문성을 보여주고 있는 연결 문장을 발견하게 된다. 전체적으로 문장을 이끄는데 수행 역할을 잘하고 있으며 비유를 통한 풍자, 은유를 통한 반어법 등으로 영감을 얻어 묘사하고 있음에는 부족하지만, 시인의 성찰은 특유할 만큼 남다르다고 본다. 자기만의 특유한 문체에 질문을 던지며 시를 쓰려는 그 열정에 있다고 봐야 한다. 지금 시인이 추구하고 지향하는 시 방향을 다시 진지하게 논의할 시간이다.

『나는 행복한 여자』〈사색하기 좋은 날씨/갈바람이 심장에 소곤거린다〉 1단락에서는 심장에 소근 거린다라고 말하는 것은 이미 맞이하고 있음을 보여준다 〈우리 사랑하면 안 될까/예쁜 사랑만 줄게요〉 2단락에서 다시 반복적으로 안도감을 보여 줍니다. 〈일하는데 이 계절에 맞는 선곡이 흐른다/해바라기의 이제는 사랑하고 싶어요〉 3단락에서도 지난 추억을 소환하며 가을이 성큼 왔음을 말해줍니다. 〈얼마나 아름다운 고백인가/오늘은 달달한 음악으로 힐링한다〉 4단락에서도 가을을 준비하는 마음은 여느 때보다 진지한 욕망으로 기다려지는 시간을 보여줍니다. 그렇듯 시에서 주는 의미는 여러 경로를 통해 얻어지는 성찰이다. 인생과 자연의 이치에 펼쳐지는 현실에 대한 애착 등이 인생을 이끌고 가는 전환점에 도달해 있다.

『시작의 알림』『하루 끝에』『당신의 하루를』『행복』『나는 행복한 여자』 등을 통해 진정한 삶의 무엇인가 제시해줌으로 꽃이 피고 지는 계절을 통해 여과 없이 자신의 이치와 삶이 주는 의미를 사물과 소통하고 있는지 절실하게 보여주고 있다. 시에서 보여주는 시상은 자기중심의 존재론에 천명하고 있음을 일괄하고 있다. 시에서 끊임없이 대두되고 있는 자연과 소통 그리고 인간 존재에 대한 질문은 삶과 자연이 주는 틀 속에서 내가 하고 싶은 말을 표현하고 있는지도 모른다. 여러 시의 제목에서 보이듯이 그가 인생 소통에 대한 성찰을 호소하고 있는지 시의 그늘에서 얼마나 많은 주제를 택하며 직시하고 있는지 봐야 한다.

4. 사랑은 진행형이다

 삶의 방식과 자연의 이치를 이해하는 데 오랜 시간이 걸리지 않는다. 서정시의 바탕에는 계절이라는 아름다운 정서가 있어 시인들에게는 언어의 마술사라고 불리는 언어가 사물로 자리 잡았기 때문이다. 즉, 시들의 세계는 즉흥적 생각에 해당하는 시이다 생각으로만은 깊은 사유가 없고 노력과 깨달음만으로도 시가 만들어지는 것은 아니다. 시어들은 즉 생각으로 인용한 언어의 표현 방식이다.

윤기영

김광숙 시인의 『나의 사랑은 현재 진행형』이다는 독자와 소통하는 시집이 되었으면 한다. 잠시 그가 가지고 있는 시의 감성으로 다시 들어가 보자.

오래된 느낌처럼 다가온 그대
그 익숙함에 스며듭니다

바람결에 날리는 짧은 머리카락에서
당신의 향기가 느껴지고

빙그레 눈웃음 짓는 눈가에서
그대의 마음이 느껴집니다

따스한 햇볕이 스며드는 창가에서
커피 한 잔 마시는 동안처럼

그대와 함께 있는 것 같은 느낌
너무 행복한 순간입니다.

「당신이 참 좋습니다」 전문

그립다
눈가에 눈물이 촉촉이 젖는다

그냥 내 심장 안에 사는 사랑
볼 수도 두 손으로 만질 수도 없다
그냥 뜨거워지는 가슴으로만 느낄 수밖에

날이 또 얼마 남지 않았네
엄마 기일이 다가오니
엄마 향수가 더 짙게 다가온다

엄마 좋아했던 꽃 비누 사러 가야겠다
엄마 향수 느끼러 가야겠다,

「오늘처럼 그리움이 스며들면」 전문

 김광숙 시인은 시를 통해 자신의 삶을 되돌아보는 성찰이 돋보이고 있다. 자신의 의무와 책임감이 시에서 긴 침묵을 깨고 다채로운 빛을 오감으로 보여주고 있다.

『당신이 참 좋습니다』와 『오늘처럼 그리움이 스며들면』 등이 보여주는 시상은 어쩌면 가슴에 묻어놓은 시어가 세상을 그리워하며 목놓아 부름을 받았는지도 모른다. 시인의 가슴에 소용돌이치는 암시의 시간은 가슴으로 진하게 흐르는 전율의 한계를 절실하게 보여준다.

참 많은 세월이 흘렀습니다
그때는 몰랐습니다
나이를 먹고 철이 들면서 알게 되었습니다

당신은 내 마음이 사랑하는 사람이란 걸
이만큼 살아온 지금까지 한결같은 마음으로
사랑을 부어 주던 당신

윤기영

늘 그 자리에서 함께 기다려주신 당신
늦지 않게 깨닫게 해줘서 고맙습니다
그리고 사랑합니다

소풍 가는 기분으로
삶의 여정을 즐길 수 있게 해줘서
감사합니다.

「당신은 제 마음이 사랑하는 사람」 전문

김광숙 시인은 『당신은 제 마음이 사랑하는 사람』을 제시해줌으로 인생, 그 아픈 기억이 그대로 시로 보여주고 있다. 수많은 순환을 통해 시인이 말하고자 하는 그리움의 대상이 시를 통해 세상이 빛이 되고 그 빛을 통해 얻고자 하는 시적 감성들이 또 다른 장르로 동행하고 있음을 말하고 있다.

『당신이 참 좋습니다』『오늘처럼 그리움이 스며들면』『당신은 제 마음이 사랑하는 사람』를 통해 승화되어 가는 과정을 지켜보고 있다. 김광숙 시인의 시는 가족 중심의 아름다운 계절에서 오는 소통의 성찰이며 인생의 삶에서 그려지는 순수한 서정시다. 시인은 철이 들면서 가족이 얼마나 중요한지 깨달음을 던진다.

이제 김광숙 시인의 시 해설을 마무리할 때가 된 것 같다. 시인의 시는 직관적으로 생각대로 투시하고 있음을 공식화하고 있다. 시인은 감성에서 오는 소통을 통해 심미안이 펼쳐지고 사물을 통해 감성적 오감이 형성되어 순수한 열정에서 얻어지는 진리와 열매를 맺으려 노력하는 시인으로 승화되어 가는 과정에 인간사의 변주곡이 되어 간다. 시인은 이러한 과정을 통해 발전하는 시법을 인식하게 된다.

 김광숙 시인의 시는 자연과 소통해서 얻어지는 순수한 서정시이다. 감성의 대상과 오감 등은 시적 구조들로 일치된 모습을 엿보게 한다. 시의 이미지 발견은 지성과 감각이 항상 동행한다는 뜻이기도 하다. 시인의 통찰력을 기대해도 될 것 같다. 삶과 자연을 사랑하는 서정시인으로 발돋움하는 시인이 되었으면 한다. 시의 내면에 잠재한 진실을 분사하는 서정적 시 정신을 발양하고 있어 앞으로 발전할 수는 그림이 그려지는 시인의 정신을 높이 평가한다. 최선을 다하는 시인이 되길 바란다. 시집 출간을 축하한다.

윤기영

창작동네 시인선 156

나의 사랑은 현재 진행형

인　쇄 : 초판인쇄 2022년 10월 30일
지은이 : 김광숙
펴낸이 : 윤기영
편집장 : 정설연
디자인 : 정설연
펴낸곳 : 노트북 출판사_ 등록 : 제 305-2012-000048호
본　사 : 서울시 동대문구 사가정로 256-4호 나동B101
전　화 : 070-8887-8233 팩시밀리 02-844-5756 HP : 010-8263-8233
이메일 : hdpoem55@hanmail.net
판　형 : 신한국판형 P136 130-210

2022. 10_나의 사랑은 현재 진행형_김광숙 제1집

정 가 : 10.000원

ISBN : 979-11-88856-57-2-03810

*저자와의 협의로 인지는 생략합니다.
*잘못된 책은 교환해 드립니다.